Discovery Education 探索·科学百科（中阶）

3级A2 货币

全国优秀出版社
全国百佳图书出版单位

广东教育出版社 学乐

中国少年儿童科学普及阅读文库

探索·科学百科™ 中阶

货币

3级A2

[澳]尼古拉斯·布拉克⊙著
杨立功(学乐·译言)⊙译

Discovery
EDUCATION™

全国优秀出版社
全国百佳图书出版单位
广东教育出版社 学乐

广东省版权局著作权合同登记号

图字：19-2011-097号

本书原由 Weldon Owen Pty Ltd 以书名*DISCOVERY EDUCATION SERIES · Money Sense*

（ISBN 978-1-74252-183-1）出版，经由北京学乐图书有限公司取得中文简体字版权，授权广东教育出版社仅在中国内地出版发行。

图书在版编目（CIP）数据

Discovery Education探索·科学百科. 中阶. 3级. A2，货币/［澳］尼古拉斯·布拉克著；杨立功（学乐·译言）译. —广州：广东教育出版社，2014.1

（中国少年儿童科学普及阅读文库）

ISBN 978-7-5406-9383-1

Ⅰ.①D… Ⅱ.①尼… ②杨… Ⅲ.①科学知识—科普读物 ②货币史—世界—少儿读物 Ⅳ.①Z228.1 ②F821.9-49

中国版本图书馆CIP数据核字(2012)第162462号

Discovery Education探索·科学百科（中阶）
3级A2 货币

著 ［澳］尼古拉斯·布拉克 译 杨立功（学乐·译言）

责任编辑 张宏宇 李 玲 丘雪莹 助理编辑 李颖秋 于银丽 装帧设计 李开福 袁 尹

出版 广东教育出版社

地址 广州市环市东路472号12-15楼 邮编：510075 网址：http://www.gjs.cn

经销 广东新华发行集团股份有限公司 印刷 北京顺诚彩色印刷有限公司

开本 170毫米×220毫米 16开 印张 2 字数 25.5千字

版次 2016年5月第1版 第2次印刷 装别 平装

ISBN 978-7-5406-9383-1 定价 8.00元

内容及质量服务 广东教育出版社 北京综合出版中心

电话 010-68910906 68910806 网址 http://www.scholarjoy.com

质量监督电话 010-68910906 020-87613102 购书咨询电话 020-87621848 010-68910906

目录 | Contents

为什么需要货币

货币产生之前，人们通过物物交换来获得需要的商品，这种方式不够完美。为了使买卖双方的交换更容易些，于是货币应运而生。现在我们仍旧使用货币，其原因之一是：人人都对货币有需求，随身携带钞票和硬币比携带用来交换的物品方便得多。在货币产生之前，如果想交换物品，必须找到需要该物品的人。

我们使用货币，另外一个原因是货币被公认具有某种价值。人们不必争论一美元或者一欧元的价值是多少。如果没有货币的话，买卖双方会就他们交换物品的价值争论不休。

零钱

人们携带硬币用来支付日常开销，诸如购买报纸或者支付停车费等。

> **只有金钱才能使整个世界动起来。**

——普布利流斯·西鲁斯
罗马作家兼诗人 公元前 100 年

艺术品

一些纸币堪称艺术品。这张 1908 年面值为 100 马克的德国钞票，其正反两面都显示出了非凡的细节。同时纸币也从另一个角度展示出一个国家的历史和价值观。

循环的角色

一位店主向某人出售一件物品，然后用收到的钱买了一件物品。第二位店主又用第一位店主付的钱从其他人那里购买了一个物品。买者成为卖者，卖者成为买者，货币就是这样流通的。

物物交换

不使用货币，用货物或者服务来交换的方法称为物物交换。现在此方式仍旧在一些地方使用着。实际上，物物交换在学校的操场上非常常见，孩子们在操场上交换卡片这一行为就是一种典型的物物交换的形式。不是所有的卡片都具有相同的价值，如果某个孩子想要一张特殊卡片的话，他可能需要用两张或者更多的卡片去交换。

理想的物物交换是两个人直接交换货物或服务。在古代，物物交换可能交换动物，例如用两只羊来换一头牛。但是物物交换的问题在于其常常会包含好几个交易：因为有两只羊的人可能不想换一头牛，他们实际上可能想要一条小毯子；而有多余小毯子的人又可能想要一个水罐。这种复杂性是货币取代物物交换的主要原因。

不可思议！

欧洲从公元 16 世纪到 19 世纪年间的扩张是建立在物物交换的基础上的。欧洲人把亚洲、非洲、美洲和太平洋地区需要的货物运到这些地区来交换香料、农作物和一些值钱的矿物。

网上物物交换

如今热衷于物物交换的人们用网络来连接买卖双方。互联网商人提供各种商品，如家具或儿童玩具，甚至包括诸如法律咨询或家庭装潢等服务。

无价值的货币

第一次世界大战之后，德国经济非常糟糕，以至于货币变得几乎没有价值。人们拒绝使用货币，宁愿直接交换物品。

物物交换市场

　　在非洲马里的这家市场，人们通过物物交换而不是用货币来买卖物品。

硬币

最早的硬币是约2500年前在小亚细亚的吕底亚（译注：Lydia, 小亚细亚西部的富裕古国）和中国发明的。它们是由金、银和青铜等贵金属制成的。这些早期硬币的价值是由重量决定的，越重价越高。为了便于计算，在每个硬币的表面用图章表明其价值。这个加图章冲压的过程称为铸造。

使用贵重矿物制作硬币的一个问题是很难找到这样的矿物。于是一些人开始切削硬币的边缘，把切削下来的碎屑熔化，然后把这些贵重的矿物转卖出去。于是各国政府开始用不太贵重的金属来制造硬币，并在硬币上面标注价值。现在我们使用的硬币也是这样做的。

事实还是虚构？

吕底亚王国已经不复存在，现在其领土是土耳其的一部分。根据希腊历史学家希罗多德的说法，吕底亚人是最早使用金币和银币的民族。

中国古代硬币

最早的中国硬币是用青铜制作的。其中一些硬币在中间留孔，这样便于串成一串保存。

达布隆

达布隆是西班牙直到19世纪中叶仍在使用的金币，由从南美开采出来的金子铸成并运回西班牙。因为价值不菲，达布隆深受海盗们的欢迎。

美国

美国的硬币可以追溯到 19 世纪晚期，包括水牛镍币和印第安分币。

日本

日本的货币单位是日元。硬币的面值有：1，5，10，50，100 和 500 日元。如图所示的是 5 日元和 50 日元硬币，其上有孔。

北美洲

欧洲

亚洲

非洲

南美洲

大洋洲

欧元

欧元从 1999 年起成为欧洲许多国家的货币。欧元一面显示的是欧洲地图，另一面显示的内容由发行国家决定。这个 2 欧元硬币的背面是德国的盾形纹章。

梵蒂冈城

图片显示的是 100 梵蒂冈城里拉。现在梵蒂冈城把他们的硬币叫做欧元。

纸币

最早的纸币是中国人在 1000 多年前发明的。与硬币相比，纸币有两个主要的优点。一是携带起来更轻便。此前，如果需要大规模采购，必须携带大量硬币。二是用来制作硬币的贵重矿物逐渐变得匮乏，而纸张却便宜量足。于是纸币应运而生了。

纸币从中国传到欧洲用了几百年的时间。最早的欧洲纸币是几张纸，买方在上面承诺把一定数量的金或银转给卖方。

挪威纸币
这张 1695 年的挪威纸币是欧洲现存最古老的纸币之一。

中国纸币
　　这张中国 5 角纸币一面有两位青年的图像，另外一面是中国的国徽。

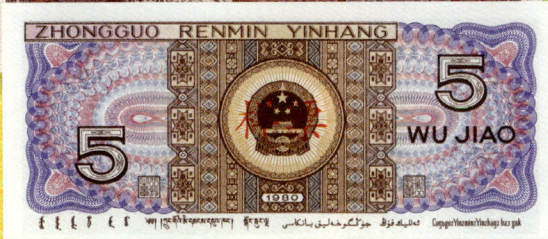

马来西亚纸币
　　马来西亚于 1967 年开始发行纸币。这张是面值 100 元的纸币。1975 年"林吉特"（Ringgit）取代了"元"这个单位。

厄立特里亚纸币
　　这张厄立特里亚 1 纳克法纸币图像是三个去乡村学校上学的孩子。

埃及纸币
　　这张埃及 50 皮亚斯特纸币的图像是立在太阳船和莲花之前的拉美西斯二世雕像。

俄罗斯纸币
　　这些俄罗斯的 5 卢布纸币于 1909 年印制，其细节令人惊叹。

不可思议！
　　世界上最大的纸币是菲律宾政府于 1998 年发行的面额为 100 000 比索的纸币，其长 355.6 毫米，宽 215.9 毫米。

欧洲纸币
　　欧元是世界上第二大流通货币，仅次于美元。

珍贵物品

在硬币和纸币发明之前，部落里使用珍贵的物品作为某种形式的货币。所使用的这些物品的种类取决于其可能性和稀缺性。例如，海岸边的部落常常使用漂亮的贝壳；另一些部落使用他们从地底下挖出来的金属和矿物；还有一些部落使用动物的稀有部位，如象牙。现在，许多部落依旧保持着交换珍贵物品而不使用硬币和纸币的习惯。

玛瑙贝

这些贝壳在非洲和亚洲是最常用的。其光滑闪亮的表面让人心旷神怡。其硬度意味着使用时间长，可以多次交换。

贝壳串

美洲原住民使用圆蛤类贝壳制作贝壳串。而欧洲人在 17 世纪中期和晚期将其当做货币。

马尼拉戒指

马尼拉戒指最初是由非洲部落制作出来作为货币使用的。后来欧洲人开始用来买卖非洲奴隶，一个马尼拉戒指可以购买一个奴隶。

茶砖

茶砖是指压制成砖的形状的茶叶。在古代中国，茶砖是储存茶叶的方式，同时也是一种货币形式。

烟草

在殖民时代的美洲，在弗吉尼亚州、北卡罗来纳州和马里兰州这些殖民地，烟草被用做货币。这些地方种植烟草是用来买卖而不是用来消费的。

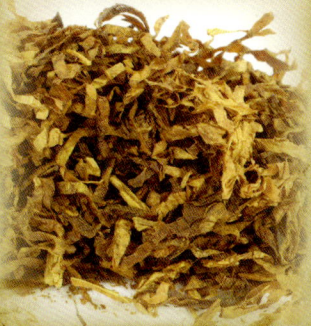

象牙

一种物品越稀有，其作为货币的价值越高。大象的獠牙——象牙非常珍贵，很久以来在非洲，象牙就被用做货币来交换其他产品。

金锭

发生战争、经济萧条和其他重大事件时，如果一个国家的货币大幅度贬值的话，人们就会购买黄金来保障他们的财产。

存款

在某一个特定的阶段，人们不需要钱的时候，就将其存入银行。把钱存入银行要比放在家里安全，同时可以获得利息。

银行业

银行是经营货币的商业组织，从有多余货币的个人或公司购买货币，然后再把货币贷出给其他人或者公司，因为这些人或公司需要大量的货币来购买其他东西。银行赚取利润最主要的方式是货币的卖价要高于买价。

ATM

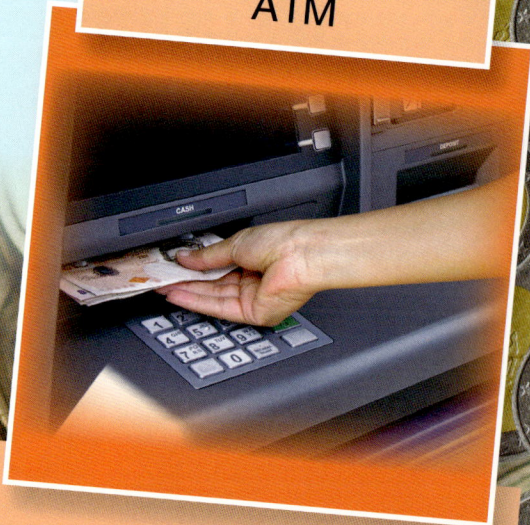

ATM 代表的意思是自动取款机。这些提款机位于银行或其他建筑物附近，便于人们在任何时候都能存取钱。在自动取款机出现之前，人们只能在银行的工作时间内存取钱。

网上银行

网络使得人们非常便捷地利用他们的账户进行交易。在网络出现之前，如果人们想要进行交易的话，必须去银行提交各种表格。如今人们足不出户就能办理银行业务。

直接转账

　　这是一种电子转账方式，把钱从购买者的账户转到提供商品或服务的公司或个人的账户上。直接转账意味着人们不必携带大量的现金。

借贷

　　公司或个人常常为他们买不起的东西借款，例如房子或者是工厂的新设备。最后他们必须返还本金，同时还要支付利息。

理财建议

　　银行也提供理财建议。理财顾问会考虑一个人有多少存款，年纪大小，每天的花费和其他的情况。

生成利息

利息是指银行支付给储户的一定数量的货币，也指银行从向其借款的人们那里收取的一定数量的货币。

下面这一系列的图示表明了利息是怎么计算的，以及它是如何保持银行运营的。这个图示显示的是真实的货币是怎样被处理的，而现在绝大部分相关业务是通过电子方式进行交易的。

1. 顾客把钱存到银行

这位储户存到银行的钱每年会得到 5% 的利息。打个比方，如果存入 1 000 元，那么只要这笔钱还存在银行，每 12 个月他就会获得 50 元利息。

2. 银行把钱放入金库

为了安全起见，银行把储户的钱放入金库。

3. 银行把钱贷给借款人

银行经理向顾客解释，如果他想得到贷款，他们必须每年向银行支付 10% 的利息。在约定的时间内归还本金。

4. 银行从金库取出钱

银行经理从银行金库内取出钱交给借款人。

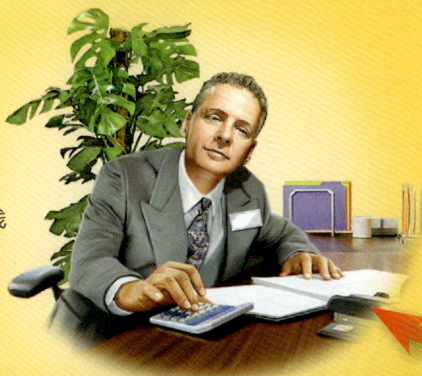

5. 获取利润

银行通过出借存款人的钱即贷款来获利。

正常营业

如果银行贷出了全部或绝大部分存款人的钱，那么它将会获得利润。这是因为它收到的利息要多于付出的利息。

破产

银行如果不能将存款人的钱贷出的话，很快就会破产。因为这种情形下，银行付出的利息要多于其收到的利息。

? 你来决定

信用是好事还是坏事？信用可以让你现在借钱买东西，不过你要承诺在约定的时间内归还本金和利息。信用可以通过以下途径获得：通过和银行达成协议或者是使用信用卡。

信用制度最主要的优点：

1. 不必预先存钱就能够购买贵重的东西。

2. 可以灵活地通过网络或者电话来购物。

假日旅行

许多游客用信用卡购买商品和服务，从而避免了携带大量现金。他们也可以购买超出他们支付能力的东西，等他们回家后再支付。

购买房子

攒钱买房可能花费大多数人很多年的时间。而用信用买房意味着他们可以先住进房子，再慢慢还清房款。

网上购物

信用卡非常适合网上购物。网上购物节省时间，还能让消费者在决定购物之前细细比较价格。

财务困难

如果一个人购买了太多的东西，会发现自己可能无法按照约定向发卡机构还款。这时他贵重的财产包括房子等都会被强制没收。

信用制度最主要的缺点：

1. 可能让人陷于财务困难无法还款。
2. 信用卡可能丢失并被非法使用。

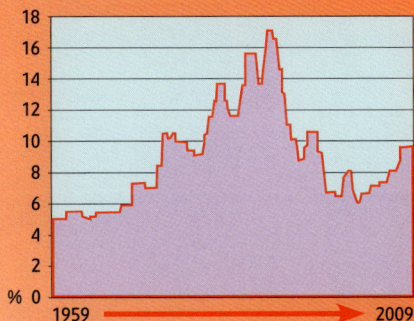

利率上升

利息率不能总是保持在相同的水平。信用卡使用者会发现如果利息率上升的话，他们得支付比预期更多的利息。

信用诈骗

一些罪犯通过追踪信用卡网络使用情况来盗取详细资料。他们无需使用真实的信用卡就能以持卡人的名义购物。

3. 落料

大金属卷经过冲压机加工，冲压出半成品圆盘。这些半成品经过冲洗、形状检查，再被送到另一个机器处制造货币边缘。

制造货币

纸币是用纸（通常是棉纤维纸）或是高分子聚合物在印刷机上印制成的。由聚合物制成的纸币比棉纤维纸制成的更加结实，也更难伪造。硬币是在造币厂里制作的。制造硬币的步骤如图所示。

在货币的设计上，从尺寸、颜色到货币上的图像，人们颇费心思。

1. 设计

硬币上的图像常反映该国的国家背景或价值观。图案最初的设计思想可以在纸上勾勒，但最终的设计是使用计算机软件来完成的。

2. 制模

模具是用来制造硬币的圆柱形金属。制作一种硬币需用两个模具，分别刻有硬币正面和反面的设计图案。

4. 冲压

　　将制造出来的半成品放置到两个模具中间，然后给它施加数吨压力，于是设计好的外观在货币正反两面成型。

5. 检查

　　制好的硬币经过机器检查，去掉残次品。检查员使用放大镜检查硬币上是否有污痕或者其他缺陷。

6. 包装

　　将完美的硬币放入自动计数器内，按具体数量装入盒子。在运往银行之前，这些盒子被保存在造币厂的秘密金库内。

防伪标识

欧元纸币有好几处防伪标识，很难被伪造。

样票

© BCE ECB EZB EKT EKP 2002

50

50 EURO EYPO

隐形数字

当纸币的这个部分对着光亮时，其面值就会显示出来。

全息图

从这边折起的话，显示的是纸币的面值和欧元的符号；从另外一边折起，会显示纸币的面值和一扇门或窗。

50

X07205166434

样票

50

X07205166434

50 EURO EYPO

变色

折起这张纸币时，反面的右下角数字颜色从紫色变成绿色。

反欺诈

因为货币和信用卡的金融魔力，犯罪分子一直大肆制造假币或通过非法途径获取信用卡的详细资料。

这样的非法活动早已不是什么新鲜事。总是有人试图制造假币，所以几千年来硬币不断地发生变化，几百年来纸币也是如此变化着。

不可思议！

美国人阿尔伯特·冈萨雷斯 (Albert Gonzalez) 制造了史上最大的一宗信用卡诈骗案，共盗取了 1.3 亿多个账户的详细信息。他现在仍在监狱中服刑，刑期 20 年。

信用卡诈骗

信用卡公司使用加密技术来反诈骗，在存储客户的信用卡号码时会将其加密。这和使用密码相似。通过非法途径获得这些数字的人会发现这些数字是没有用的。因为除非把它们恢复到原始序列，否则这些数字毫无价值。

读卡机侧录器

侧录是使用设备复制信用卡磁条信息的一种诈骗方式。犯罪分子秘密地把这些设备安装在自动取款机上，同时在附近安装照相机来记录顾客输入到自动提款机里的密码。犯罪分子利用这些信息能够制作出克隆卡并盗取持卡人的钱。

历史上的货币

人类社会使用货币已经有几千年的历史了。在硬币和纸币出现之前，人们使用各种珍贵的物品来交换。无论使用什么作为货币，目的总是相同的，那就是：使用便捷的方式来买卖货物。

公元前 3000 年到公元前 2000 年

刻印在美索不达米亚古大陆陶片上的文字，记录了货物的流通。这使得人们容易看清谁欠谁的货物。

公元前 1391 年到公元前 1353 年

从古埃及的第十八王朝起，牛、绵羊、猪和山羊成为交换其他商品的等价物。

公元 9 世纪 80 年代

这是英国国王阿尔弗雷德大帝时代所用的银便士的正面和反面。阿尔弗雷德大帝通过货币改革巩固了西撒克逊经济。

公元 13 世纪 60 年代

在忽必烈统治的时代，商品是用桑树皮制成的纸币购买的。

1545 年

英王亨利八世规定对借款收取利息的做法合法化，并设定利息上限为每年 10%。

1694 年

英格兰银行成立。图中所示为该行 17 世纪早期发行的手写纸币和现在发行的 20 英镑纸币的对比。

1929 年

1929 年 10 月爆发的华尔街股市大崩溃导致了经济大萧条。人们被迫卖掉贵重物品来购买生活必需品，如食品等。

1957 年

1957 年签订的《罗马条约》标志着欧洲经济共同体成立。通过在共同体内成员国之间进行贸易，欧洲各国获益匪浅。

1999 年

1999 年欧洲单一货币——欧元启用。现在欧元是欧洲 16 个国家的单一货币。

收集货币

有些人认为货币不仅仅是用来花掉的，他们还像集邮那样收集货币。这些收集纸币和硬币的人被称为钱币收藏家。

世界上有太多不同的硬币和纸币，所以绝大多数的钱币收藏家收集某一特定主题的纸币和硬币。例如他们可能收集某一特定国家或者地区的货币；或者收集某一特定颜色的纸币；或者收集具有相似图像如交通工具的硬币。钱币收藏家努力收集从未被使用过的纸币和硬币，因为货币的品相越好，其价值就越高。有一些硬币或者纸币只为收藏者制造，从来没有在市面上流通过。

集钞票癖

与收集硬币相比，人们开始收集纸币的时间比较晚。这主要是因为硬币出现的时间要早得多。结果，稀有纸币的卖价没有稀有硬币的高。痴迷收藏纸币的行为被称为"集钞票癖"。

统一保存

硬币收藏者把硬币放在集币册里，使它们得到妥善保管，并且不会丢失。年代并不是判断硬币是否值钱的唯一标准。最值钱的是存量稀少的硬币。

损坏控制

收藏者用放大镜判断硬币上是否有损坏。损坏越多，硬币越不值钱。

不可思议！

硬币交易的最高价格纪录是 2002 年出售的一枚 1933 年的双鹰金元硬币，售价高达 7 590 020 美元。

聚会

钱币收藏者会定期聚会，来比较和出售他们藏品中的硬币和纸币。他们对自己藏品的价值必须要保持消息灵通，才不至于把它贱卖。

知识拓展

ATM

自动取款机的缩写。自动取款机是允许账户持有人从他们的账户存钱和取钱的机器。

物物交换 (barter)

用物品交换。

流通 (circulate)

从人到人或从地方到地方的传递。

殖民 (colonial)

一个国家对另一国家的征服统治。

化合物 (compound)

由两种或更多化学成分组成的物品。

信用 (credit)

现在借款购买物品，将来还款。

信用卡 (credit card)

使人能用信用购物的银行卡。

发卡机构 (credit provider)

贷款给信用卡持有者的商业机构，一般是银行。

直接转账 (direct debit)

通过电子方式把钱从一个账户转移到另一个账户。

经济萧条 (economic depression)

一个国家有很多人失业，人们没有钱花，商业衰退的经济状况。

加密 (encryption)

把有用的信息转变成代码以防被窃。

全息图 (hologram)

以激光为光源，用全景照相机将被摄物体记录在高分辨率的全息胶片上所构成的图。

利息 (interest)

为借款而支付的钱。

钱币收藏家 (numismatist)

收藏硬币和纸币的人。

利润 (profit)

卖东西以获得比成本多出的那部分钱。

买方、买家 (purchaser)

购买产品或服务的一方。

侧录 (skimming)

一种在 ATM 上安装特殊设备并从人们的账户中偷钱的非法活动。

交易 (transaction)

买或卖的行为。

金库 (vault)

安全存放贵重物品的房间或处所。

Discovery Education探索·科学百科（中阶）

探索·科学百科™

Discovery
EDUCATION™

世界科普百科类图文书领域最高专业技术质量的代表作

小学《科学》课拓展阅读辅助教材

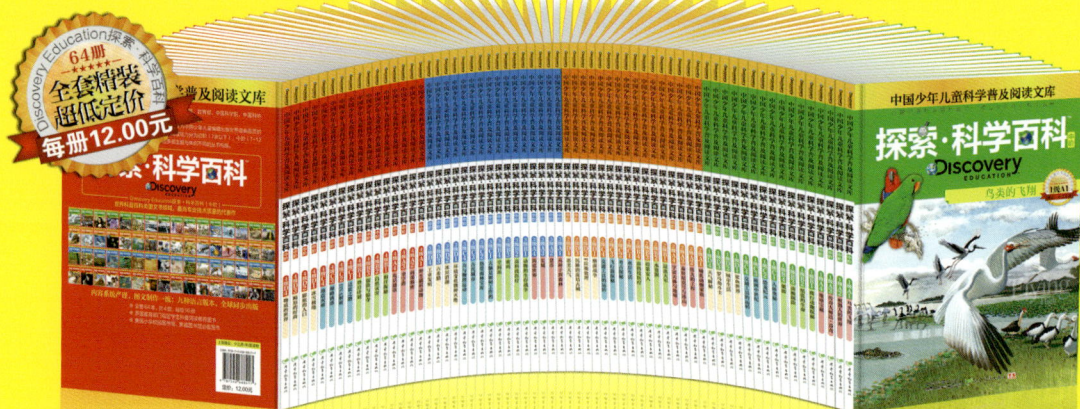

64册
全套精装
超低定价
每册12.00元

Discovery Education探索·科学百科（中阶）丛书，是7~12岁小读者适读的科普百科图文类图书，分为4级，每级16册，共64册。内容涵盖自然科学、社会科学、科学技术、人文历史等主题门类，每册为一个独立的内容主题。

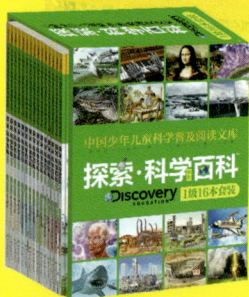

Discovery Education
探索·科学百科（中阶）
1级套装（16册）
定价：192.00元

Discovery Education
探索·科学百科（中阶）
2级套装（16册）
定价：192.00元

Discovery Education
探索·科学百科（中阶）
3级套装（16册）
定价：192.00元

Discovery Education
探索·科学百科（中阶）
4级套装（16册）
定价：192.00元

Discovery Education
探索·科学百科（中阶）
1级分级分卷套装（4册）（共4卷）
每卷套装定价：48.00元

Discovery Education
探索·科学百科（中阶）
2级分级分卷套装（4册）（共4卷）
每卷套装定价：48.00元

Discovery Education
探索·科学百科（中阶）
3级分级分卷套装（4册）（共4卷）
每卷套装定价：48.00元

Discovery Education
探索·科学百科（中阶）
4级分级分卷套装（4册）（共4卷）
每卷套装定价：48.00元